Maria Montesso[ri]

et sa tranquille révolutio...

Maria Montessori

and her quiet revolution

Maria Montessori et sa tranquille révolution
Maria Montessori and her quiet revolution
A bilingual picture book about Maria Montessori and her school method (French-English text)

Text by Nancy Bach
Illustrations by Leo Lätti
Black and white drawings by Julia Norscia
Copyright © 2013 Long Bridge Publishing. All rights reserved.

Find more books for bilingual children and French language students at:
www.LongBridgePublishing.com

Please note that the French and the English version of the story have been written to be as close as possible. In some cases though, they differ in order to accommodate nuances and fluidity of each language.

Publisher's Cataloging in Publication data

Nancy Bach
   Maria Montessori et sa tranquille révolution - Maria Montessori and her quiet revolution / Nancy Bach; illustrated by Leo Lätti
     p.   cm.
   SUMMARY: Illustrated introduction to the life and work of Italian educator Maria Montessori. Includes historical notes and question pages for readers comprehension review.
   ISBN-13: 978-1-938712-05-0
   ISBN-10: 1-938712-05-6
   1. Montessori, Maria, 1870-1952 --Juvenile literature.   2. Montessori, Maria, 1870-1952.
   3. French language materials--Bilingual. 4. Educators --France --Biography --Juvenile literature.
5. Montessori method of education --Juvenile literature. 6. Educators. 7. Women --Biography.
8. Montessori method of education.
   I. Title

Long Bridge Publishing
USA
www.LongBridgePublishing.com

ISBN-13: 978-1-938712-05-0
ISBN-10: 1-938712-05-6

Maria Montessori
et sa tranquille révolution

Maria Montessori
and her quiet revolution

A bilingual picture book about Maria Montessori
and her school method (French-English text)

Written by Nancy Bach
Illustrated by Leo Lätti

Long Bridge Publishing

INTRODUCTION

L'héritage de Maria Montessori, médecin et éducatrice italienne, s'étend partout dans le monde au sein des écoles qui portent son nom. Née en Italie en 1870, elle a fait des études scientifiques, tout à fait inhabituel pour une femme de cette époque. Elle devint docteur en médecine, spécialisée en pédiatrie et en psychiatrie et fut la première femme à obtenir un diplôme de médecine en Italie.

Pendant ses premières années de travail, elle a pu observer des enfants handicapés mentaux et a développé une méthode pour leur enseigner beaucoup plus que ce qui était possible jusqu'alors.

Elle a ensuite utilisé ses méthodes éducatives avec des enfants ayant des compétences d'apprentissage normales et a créé la méthode éducative Montessori pour les élèves de 0 à 18 ans. Sa méthode se base sur le fait que les enfants aiment jouer et travailler ensemble, et qu'ils s'amusent d'avantage en faisant des activités qui les aident à apprendre. Lorsque les enfants fréquentent une école Montessori, ils acquièrent des connaissances sur les matières scolaires, mais aussi des capacités et des compétences utiles à la vie quotidienne.

Madame Montessori a offert des cours de formation et des stages aux enseignants afin d'ouvrir des écoles, non seulement en Italie et dans d'autres pays d'Europe, mais aussi en Amérique et en Inde, où elle fut exilée avec son fils pendant la Seconde Guerre Mondiale.

Elle a vécu 81 ans et a continué à travailler avec les élèves et les enseignants, même à un âge avancé. Elle a voyagé partout dans le monde pour promouvoir la paix plutôt que la guerre. Après sa mort, la méthode Montessori a été maintenu en vie par son fils Mario et ses petits-enfants.

Aujourd'hui, l'œuvre de Maria survit non seulement dans les 20.000 écoles Montessori éparpillées dans le monde entier, mais aussi au sein des écoles publiques et privées où les étudiants peuvent participer à de nombreuses activités inspirées par sa méthode.

INTRODUCTION

Dr. Maria Montessori was an Italian doctor and educator whose legacy survives in schools bearing her name all over the world. She was born in Italy in 1870 and studied technical subjects, unusual for a woman at the time. She became a Doctor of Medicine, specializing in pediatrics and psychiatry: the first woman to obtain a medical degree in Italy.

Through her work she observed mentally handicapped children and developed methods to educate them far beyond what was thought possible.

She extended her methods to children with normal learning capabilities and established the Montessori approach for educating children in stages from ages 0 to 18. Her method is based on the understanding that children love to play and work together, and do jobs that help them learn. When children leave Montessori schools they know about both school subjects and important life skills.

Dr. Montessori provided training for teachers to open schools in Italy, in other parts of Europe, in the Americas, and in India where she and her son Mario were exiled during World War II.

She lived to the age of 81. She kept working with students and teachers even when she was a very old woman. She spoke to groups around the world to help them support peace instead of war. After her death, her son Mario and her grandchildren kept the Montessori methods going.

Maria's work lives on today, not only in the 20,000 Montessori schools worldwide, but also in public schools and private learning centers where children enjoy programs and activities inspired by her methods.

"Bonjour les enfants. Je suis votre professeur, Mme Rinaldi. C'est avec un grand plaisir que je vous accueille en cette première journée à l'école Montessori. Répétez après moi … Montessori".

Mme Rinaldi était face à la classe et souriait au groupe de jeunes étudiants assis sur le tapis devant elle.

Angela, Brad et les autres enfants murmurèrent: "Montessori".

"Mais enfin les enfants, il faut le dire avec fierté", dit Mme Rinaldi "puisque c'est le nom de notre fondateur, Madame Montessori. Essayons encore une fois. "

Cette fois, Angela et les autres enfants répétèrent à nouveau d'une voix forte, ensemble à l'enseignante, en prononçant bien le nom Montessori.

"Très bien. Voulez-vous que je vous raconte l'histoire de Madame Montessori?"a demandé Mme Rinaldi.

"Oui" dit Angela, "S'il vous plaît, oui" dirent Susan et Brad.

"Good morning, children. I am your teacher, Mrs. Rinaldi. I am so happy to welcome you to our first day of Montessori school. Please say it with me…Montessori."

Mrs. Rinaldi stood at the front of the room, smiling at the group of young students sitting on the rug before her.

Angela and Brad and the other children mumbled, "Montessori."

"But children, we should say it with pride," said Mrs. Rinaldi. "For that is the name of our founder, Dr. Montessori. Let's try again."

This time Angela and the others raised their voices with their teacher and listened to the name Montessori roll off their tongues.

"Very good. Would you like me to tell you the story of Dr. Montessori?" asked Mrs. Rinaldi.

"Yes," said Angela. "Yes, please," said Susan and Brad.

"Très bien" dit l'enseignante. "Je vais vous raconter l'histoire d'une jeune fille nommée Maria".

"Mais c'est mon nom!" dit Maria à voix haute."Oui, oui, Maria Montessori était très curieuse et elle s'appliquait énormément à l'école. J'espère que tu le feras aussi, Maria" dit Mme Rinaldi.

Maria hocha la tête et ses cheveux bouclés ondulèrent.

"Très bien. À présent les enfants, écoutez l'histoire. Nous allons apprendre qui était notre fondateur et nous découvrirons comment est née notre école. "

Revenons en arrière de 150 ans, à une époque où il n'y avait ni voiture, ni ordinateur. Dans le beau village de Chiaravalle, en Italie, naquit une petite fille. Ses heureux parents la nommèrent Maria.

Very good!" said the teacher. "I will tell you about a little girl named Maria."

"That's my name!" shouted Maria. "Yes. Yes. Maria Montessori was very curious and worked very hard in school. I hope you are that way too, Maria," said Mrs. Rinaldi.

Maria nodded and her curly hair bounced around her head.

"Wonderful. Now children, listen to our story. We'll learn about our founder and understand how our school was started."

Let's go back in time almost 150 years ago, long before cars and computers. In the pretty village of Chiaravalle, in Italy, a little girl was born. Her happy parents named her Maria.

Quand Maria a eu cinq ans, sa famille déménagea à Rome, la capitale de l'Italie, une ville très belle et antique. L'année suivante, elle commença à aller à l'école. À cette époque, les fillettes apprenaient à lire et à écrire, mais elles passaient aussi beaucoup de temps à apprendre à cuisiner et à coudre: ces activités étaient appelées occupations féminines. Maria était bonne en tout, mais elle était intéressée surtout par les mathématiques, les sciences et les langues.

Parce qu'elle aimait étudier, Maria commença à fréquenter une école scientifique quand elle eut l'âge d'entrer au collège afin de suivre des cours plus avancés. La plupart des filles ne fréquentaient pas les écoles scientifiques, mais Maria s'y trouva très bien. Puis, à l'âge de 16 ans, elle alla à l'université. Là, elle étudia la biologie, la science des plantes et des animaux, et la trouva tellement intéressante qu'elle annonça à ses parents: "Je veux devenir médecin."

When Maria was five years old her family moved to Italy's capital, Rome, an old and beautiful city. She started school the next year. In those times young girls learned to read and write, but spent much time learning skills like cooking and sewing, which were called "women's work." Maria did well, but she was far more interested in math and science and language.

Because she loved to learn, for middle school, Maria went to a technical school to study challenging subjects. Most girls did not go to technical schools, but Maria did very well! Then, when she was 16, she went to college. There she studied biology, the science of living plants and animals. She found it so interesting that she told her parents, "I want to be a doctor."

Les parents de Maria furent très surpris.

À cette époque, il n'y avait pas de femme médecin en Italie, ni même dans de nombreux autres pays du monde. Maria fut très triste quand ses parents lui dirent qu'elle devait en revanche devenir enseignante. Elle était convaincue de vouloir devenir médecin, mais que pouvait-elle faire? À chaque fois qu'elle demandait la permission de fréquenter l'école de médecine, on lui répondait Non. Néanmoins, Maria était intelligente et un peu têtue, et ainsi elle ne s'avoua pas vaincue.

Maria's parents were surprised.

At that time, there were no women doctors in Italy or many other parts of the world. Maria was sad when her parents told her that she should become a teacher instead. Maria felt very strongly that she wanted to be a doctor. What could she do? Whenever she asked permission to go to medical school she was turned away. Maria was smart and a bit stubborn so she did not give up.

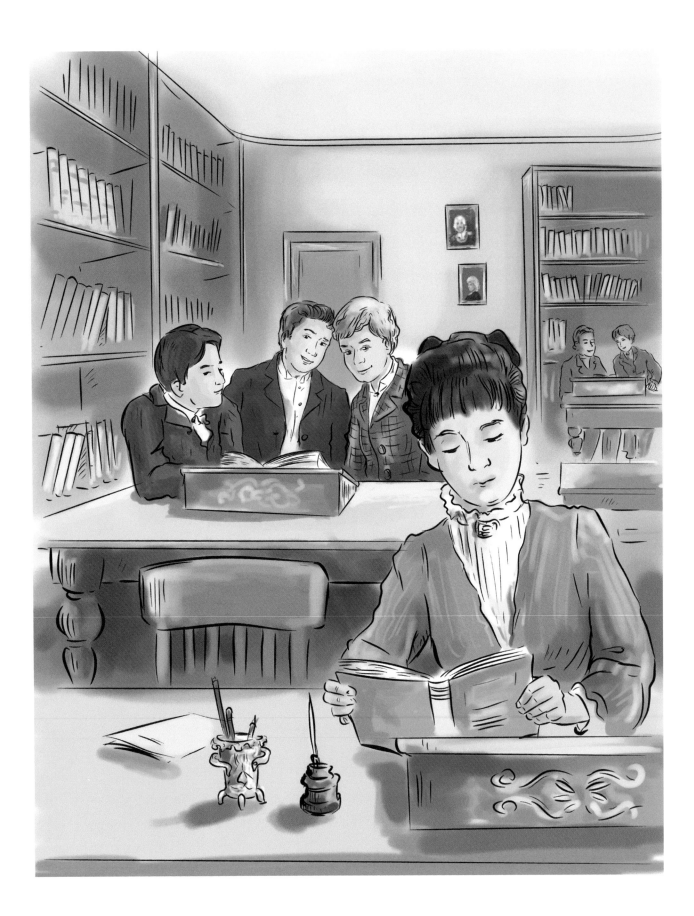

Finalement, elle fut autorisée à fréquenter l'École de médecine de l'Université de Rome. Puisqu'il était rare de voir des filles dans cette école, les autres élèves, qui étaient tous des garçons, l'offensèrent et se moquèrent. Ce fut difficile pour Maria, mais elle ignora les affronts et continua à étudier. À 26 ans, elle devint la première femme à obtenir un diplôme de docteur en médecine et ses parents furent très fiers d'elle.

Finally she was allowed to attend the School of Medicine at the University of Rome. Because it was unusual to have a girl at the school, the other students, who were all boys, teased and bullied her. This was difficult for Maria, but she ignored their bullying and just kept studying. At age 26 she became Italy's first woman doctor. Her parents were very proud.

Maria a travaillé en tant que médecin avec beaucoup d'enfants qui n'entendaient pas bien, ne voyaient pas bien et avaient des difficultés motrices. Elle a remarqué que les enfants apprenaient mieux quand ils pouvaient faire un travail manuel et quand ils faisaient des choses ensemble. Et en plus, ils s'amusaient! Contrairement aux enfants dans les écoles ordinaires, où il fallait rester assis pendant des heures, écrire, lire et écouter l'enseignant. À l'époque, les écoles étaient des lieux aux règles strictes et avec peu d'occasions pour jouer!

As a doctor Maria worked with many children who couldn't hear or speak well or had difficulty moving. She noticed that they learned best when they could do things with their hands and work together. And they had fun, too! Unlike the children in regular schools, who had to sit still for many hours, writing and reading and listening to their teacher. Back then schools were places with strict rules and no play!

Ainsi, Maria décida d'ouvrir sa propre école et l'appela la «Maison des enfants». Cette école était très différente de toutes les autres écoles qui existaient à l'époque. Le mobilier était conçu sur mesure pour les enfants. Les tables et les chaises étaient basses, il y avait des jouets et autres objets faits de matériaux amusants à toucher et tout était rangé sur des étagères basses, à la portée des élèves. Les enfants ne devaient pas rester assis pendant de longues heures, mais ils pouvaient apprendre de nombreuses activités telles que: faire le ménage, s'occuper des animaux et construire des choses. De cette façon, les enfants s'amusaient beaucoup à l'école et ne s'ennuyaient jamais.

L'école de Madame Montessori a été un tel succès que de nombreuses autres écoles ont ouvert en Italie et dans d'autres pays du monde. Ainsi, beaucoup d'autres enfants ont pu apprendre tout en s'amusant.

So Maria decided to open her own school and she called it "Children's House." This school was very different from all the other schools of her time. The furniture was made the right size for young children. Desks were small and chairs were small. There were toys and other objects made of stuff that was fun to touch and they were all put on low shelves that small children could reach. The children didn't have to sit still for many hours. Instead they could learn many activities like cleaning, taking care of pets, and making things. They enjoyed their days at school very much and never felt bored.

Dr. Montessori's school was very successful so she opened many more in Italy, and in other parts of the world, so that many more children could learn and have fun, too.

"Et voilà comment est née notre école", dit Mme Rinaldi. "Quel grand don nous a fait Madame Montessori" "Et maintenant, êtes-vous prêts à vous mettre au travail?"

"Moi oui", dit Maria. "Oui!" dirent Angela, Brad et tous les autres enfants en chœur.

"Fantastique! Je vais vous montrer toutes les belles choses que nous avons ici, et ensuite vous pourrez choisir par où commencer. Dans la cuisine, nous pouvons peser le riz. Ici dans l'armoire, vous pouvez essayer des chemises. Le petit hamster a besoin de quelqu'un pour prendre soin de lui…" Les enfants suivirent l'enseignante qui leur montra toutes les choses intéressantes à faire en classe.

Chaque enfant trouva un partenaire et un coin où jouer et se mettre au travail. Les jeunes élèves commencèrent alors la grande aventure débutée par une enfant intelligente et décidée à faire des choses importantes même quand tout le monde lui disait: «Non».

"And this is why we have our school!" said Mrs. Rinaldi. "What a wonderful gift from Dr. Montessori!" "And now, are you ready to get to work?"

"I am!" said Maria. Angela and Brad and the other children all said "Yes!" "That's wonderful! I'll show you all the different things we have today and you may pick where you want to start. In our kitchen we are measuring rice. Here is our closet where we are trying on shirts. Our pet hamster needs someone to pet him…" The children looked on as their teacher led them to each exciting new spot in the room.

Each child found a friend and picked a spot to play and work. They were beginning the great new adventure started by a bright and strong-willed little girl, a girl who knew she could do something important even when everyone was telling her "No."

Sais-tu que ...?

Maria Montessori a d'abord voulu devenir ingénieur, même si à la fin des années 1800, il y avait très peu de femmes ingénieurs.

Madame Montessori a appris la plupart de ses techniques d'enseignement en observant les élèves. Elle remarqua ce qui les intéressait, ce qui les tenait en haleine et elle utilisa ces activités dans ses leçons. Elle remarqua que les enfants sont plus intéressés aux activités pratiques (faire des choses) plutôt qu'aux jouets (jouer).

Au début de la carrière de sa mère, Mario Montessori vécu loin d'elle. Il rejoint sa mère à l'âge de quinze ans et se consacra alors à la méthode Montessori en tant qu'associé.

Alexander Graham Bell, Thomas Edison et Helen Keller ont tous exprimé un grand intérêt pour la méthode Montessori.

Durant la Seconde Guerre Mondiale, Maria et Mario Montessori vécurent en Inde. Mario a été emprisonné pendant deux mois, et Marie a été retenue dans son école. Puisque l'Angleterre était en guerre contre l'Italie, les britanniques considéraient les Italiens au Royaume-Uni et dans leurs colonies comme des ennemis.

Selon Madame Montessori, l'un des rôles de l'éducation des enfants est de transformer la société dans son ensemble, voilà pourquoi elle encouragea l'éducation à la paix. Maria Montessori a été nominée pour le prix Nobel à trois reprises, en 1949, en 1950 et en 1951. Elle a été décorée de la Légion d'Honneur en France en 1949.

En 1990, le visage de Madame Montessori a été imprimé sur les billets de 1000 lires italiennes, ainsi qu'une image d'enfants faisant leurs devoirs, sur l'autre côté du billet.

Did You Know...?

Maria Montessori originally wanted to be an engineer. In the late 1800s there were very few female engineers.

Dr. Montessori learned most of her teaching methods by watching students. She saw what interested them and kept them focused and then put those activities into future lessons. She observed that children were more interested in practical activities (work) than toys (play).

Mario Montessori lived away from his mother while she was busy with her early career. He rejoined Maria when he was fifteen years old and became committed to the Montessori method, acting as his mother's business partner.

Alexander Graham Bell, Thomas Edison, and Helen Keller were all very interested in the Montessori methods.

During World War II, Maria and Mario Montessori lived in India. Mario was interned (put in jail) for two months and Maria was confined to her school because England was at war with Italy. The British people thought that Italians in the British Kingdom and its colonies might be enemies and do something harmful.

Dr. Montessori felt that one role of education of children was reform of society in total and supported "Education for Peace."

Dr. Maria Montessori was nominated for the Nobel Peace Prize three times, in 1949, 1950, and 1951. She was awarded the French Legion of Honor in 1949.

In 1990 Dr. Montessori's face appeared on Italy's 1000 lire banknote with a picture of children working at their studies on the opposite side.

Sais-tu répondre à ces questions?

Dans quel siècle est née Maria Montessori? 1800 ou 1900? ....

Quel type d'école a-t-elle fréquenté? ....

Quel genre d'études suivaient les filles à l'époque de Maria Montessori?

....

....

Est-ce-que ce fut facile pour elle d'aller à l'école de médecine? ....

Pourquoi? ....

....

....

Quel est le premier emploi de Maria Montessori? ....

....

Qu'est-ce qu'elle remarqua pendant cette période? ....

....

....

Quel type d'école a créé Maria Montessori? ....

....

Can you answer these questions?

In which century was Maria Montessori born? 1800 or 1900? ....

What kind of school did she attend? ....

What kind of studies did girls do in Maria Montessori's times?

....

....

Was it easy for her to attend the school of medicine? ....

Why? ....

....

....

What was Maria Montessori's first job? ....

....

What did she observe in that period? ....

....

....

What kind of school did Maria Montessori establish? ....

....

Colore et écris / Color and Write

Écris le nom de 6 choses que tu vois dans l'image:
Write the name of 6 things you see in the drawing:

1. _____   4. _____

2. _____   5. _____

3. _____   6. _____

Find more books and posters with French and English text!

Visit us online at **www.LongBridgePublishing.com**

Lightning Source UK Ltd.
Milton Keynes UK
UKIC02n2017290718
326422UK00005B/125